FACULTÉ DE DROIT DE MONTPELLIER

DISTRIBUTION DES PRIX

FONDÉS

PAR LE CONSEIL GÉNÉRAL DE L'HÉRAULT

CONCOURS DE 1881-1882

MONTPELLIER

J. MARTEL AÎNÉ, IMPRIMEUR DE L'ACADÉMIE ET DES FACULTÉS,

rue de la Blanquerie 3 , près de la Préfecture

1882

FACULTÉ DE DROIT DE MONTPELLIER

DISTRIBUTION DES PRIX

FONDÉS

PAR LE CONSEIL GÉNÉRAL DE L'HÉRAULT

CONCOURS DE 1881-1882

MONTPELLIER

J. MARTEL AÎNÉ, IMPRIMEUR DE L'ACADÉMIE ET DES FACULTÉS,
rue de la Blanquerie 3 , près de la Préfecture

1882

FACULTÉ DE DROIT DE MONTPELLIER

DISTRIBUTION DES PRIX

(*Concours de 1881-1882.*)

La Faculté de Droit de Montpellier s'est réunie, au grand amphithéâtre, le jeudi 21 décembre 1882, pour la Distribution des Prix aux Élèves de la Faculté.

Après une allocution de M. le Doyen, qui présidait cette cérémonie, M. Girard, professeur agrégé chargé de cours, a lu le Rapport sur les Prix décernés par la Faculté.

La séance s'est terminée par la Distribution des Médailles et Ouvrages aux Lauréats.

DISCOURS

DE M. LE DOYEN DE LA FACULTÉ DE DROIT.

Vigié

MESSIEURS,

Mes premières paroles doivent être des paroles de remerciement pour le Conseil général de l'Hérault. Sur ma demande, et suivant une tradition générale pour ces Assemblées, il a mis à notre disposition les sommes nécessaires à payer vos couronnes ; qu'il reçoive ici l'expression de notre gratitude. La Faculté de Droit de Montpellier est fière de la marque de sympathie que lui donne l'Assemblée départementale.

C'est, du reste, aujourd'hui, une inspiration universelle en faveur de l'instruction publique ; les améliorations, les encouragements sont incessants ; vous devez, mes chers amis, redoubler d'activité et de travail, pour vous montrer dignes et reconnaissants de la sollicitude constante dont vous êtes l'objet.

Pour ne pas sortir du domaine du Droit, que n'a-t-on pas fait pour en améliorer l'enseignement ? La réforme ne s'est-elle pas essayée dans toutes les directions ?

Il y a quelques années à peine, l'étude du Droit présentait de véritables lacunes, et les amis de la science et du pays se demandaient s'il était digne d'une grande nation de laisser en souffrance une branche si intéressante de l'enseignement public ;

la République a voulu tenir les promesses faites par les Gouvernements antérieurs, et dont la réalisation était par eux ajournée d'année en année. C'est ainsi, qu'à côté des anciennes chaires, on a successivement créé et organisé, pour la Licence, les cours nouveaux d'Économie politique, de Droit criminel, d'Histoire du Droit, de Droit international privé, et, pour le Doctorat, les conférences de Pandectes, d'Histoire du Droit et de Droit constitutionnel. Aujourd'hui, on peut l'affirmer bien haut, le jeune licencié peut et doit quitter les bancs de l'École ayant des notions exactes sur l'ensemble de la science juridique ; il ne sait pas tout sans doute ; au moins, aucune lacune importante n'existe dans ses connaissances, et il est préparé à aborder avec fruit la branche particulière, dans laquelle doit à l'avenir se mouvoir son activité.

A côté des cours, on a institué les conférences : c'est la meilleure des innovations, et si j'étais tenté de faire et d'adresser des critiques, je blâmerais la timidité de la réforme. Que signifient des conférences facultatives pour les élèves et obligatoires pour le maître ? Et quel bien espérer d'exercices dont mille circonstances éloigneront les auditeurs, qui ne s'en seront pas complètement abstenus ? Espérons que l'avenir permettra de donner à cette institution des bases plus larges. Quoi qu'il en soit, avec l'enseignement tel qu'il se pratiquait autrefois, les élèves n'avaient avec le maître aucune relation, et malgré les invitations, malgré les encouragements les plus pressants, les professeurs ne pouvaient se rendre compte des progrès des étudiants et juger des résultats de l'enseignement.

Aujourd'hui, les choses ont changé ; et si le cours conserve le caractère élevé d'autrefois, à côté de lui fonctionne la conférence. Là, le maître passe au second plan, la première place revient de droit à l'élève. Celui-ci doit exposer, comme il l'a comprise, la théorie sur laquelle on appelle son attention ; répondre aux objections qui lui sont faites ; et, sur les points restés douteux, provoquer les explications complémentaires du maître. Ainsi se trouveront naturellement comblées les lacunes de l'enseignement oral. Enfin, des devoirs proposés par le maître, sur les parties les plus délicates, amèneront les élèves à se familiariser avec la langue juridique, et à exprimer leurs pensées avec clarté et élégance.

N'est-ce pas une bonne fortune pour le jeune homme studieux, que ces exercices divers auxquels on le convie, que ce commerce journalier avec le maître devenu le guide naturel de ses études, et ne peut-on pas prédire tout le fruit que sera appelé à en retirer l'étudiant appliqué et travailleur?

Ainsi donc, cours et conférences sont deux institutions se prêtant un mutuel appui, et cependant chacun a des besoins différents; le devoir de l'élève est de ne négliger aucune d'elles.

Le cours lui présentera le tableau complet de la législation, l'exposition des principales théories, et, grâce à la merveilleuse influence de l'enseignement oral, l'élève se jouera bientôt au milieu des théories les plus abstraites du Droit, en même temps qu'il comprendra toute la finesse des praticiens, et appréciera à leur juste valeur les solutions de la jurisprudence.

Mais, pour que le cours produise tous ces fruits, l'élève doit y apporter toute son attention. Et quoiqu'il en coûte de répéter les mêmes conseils, je ne cesserai de vous dire, avec tous mes collègues, que le cours pour être suivi utilement, doit donner lieu à des notes abondantes et complètes : les bien prendre n'est pas facile ; mais quel précieux instrument vous aurez à votre disposition, le jour où vous aurez forcé votre esprit à ce travail rapide d'assimilation et que vous lui aurez donné votre main pour auxiliaire dévouée !

Tels sont les moyens d'instruction mis à votre portée, la Faculté vous demande d'en user de la manière la plus large, et elle réclame de vous l'assiduité complète aux exercices de l'École.

N'est-ce pas dans cette voie que l'Administration est entrée résolument dans la nouvelle organisation des études? Les examens sont répartis de manière à devenir, chacun, le couronnement d'une année d'études, et tout cours professé à l'École trouve sa sanction dans l'examen que l'élève doit subir fatalement à la fin de l'année scolaire.

L'Examen ! Ce mot constitue pour beaucoup d'entre vous un véritable effroi ; pour d'autres il réveille de tristes souvenirs. Qu'il serait cependant facile d'arriver à cette épreuve avec la sérénité la plus complète, et de se mettre à l'abri des échecs qui trop souvent en sont la conséquence ! Suivez les exercices de l'École avec assiduité, pénétrez-vous de la parole du maître, et la fin de l'année vous apportera devant vos juges tout préparés à subir l'examen tant redouté.

Le Doctorat devrait être le complément obligé de toute Licence en Droit, il est loin d'en être ainsi : le titre de docteur, exigé seulement pour la carrière du professorat, reste pour beaucoup un titre de luxe, puisqu'il n'est pas indispensable. Cependant, l'importance qu'on y attache pour l'entrée et l'avancement dans tes carrières administratives et judiciaires, devrait le faire considérer comme nécessaire.

Ne trouverez-vous pas dans ces études une occupation utile, à ce moment de la vie, où l'on cherche encore sa voie, et où l'on est trop jeune pour aborder une carrière libérale ? Ne sera-ce pas le meilleur moyen d'augmenter ce bagage scientifique, dans lequel vous aurez à puiser incessamment pour les besoins de la pratique?

Le Doctorat exigeait autrefois des candidats des connaissances étendues de Droit romain et de Droit français : les épreuves comprenaient deux examens et une thèse, sur un sujet juridique, choisi par le candidat, et traité d'après les deux législations.

Ainsi organisé, le Doctorat donnait prise à la critique : on lui trouvait un caractère trop scientifique. Fallait-il ainsi cantonner le candidat dans cette étude du Droit romain et du Droit français ? N'était-ce pas méconnaître le mouvement qui emporte les sociétés modernes ? Avec la civilisation des besoins nouveaux sont nés, les relations entre peuples sont plus fréquentes et plus étendues ; le droit industriel, le droit financier, le droit international, fallait-il donc les sacrifier, et devait-on contraindre le candidat au doctorat à concentrer son attention sur le passé, sans lui permettre de regarder autour de lui ?

On a voulu tenir compte de ces critiques ; et le Doctorat eu droit, réorganisé sur de nouvelles bases, doit attirer à lui, c'est notre espoir du moins, l'élite de nos élèves.

Il faut en prendre son parti ; le Droit romain et le Droit civil conservent dans les nouvelles épreuves la place prépondérante, et c'était justice ; c'est sur ces matières que rouleront exclusivement les deux premiers examens. Par là, le candidat justifiera des connaissances générales étendues, sans lesquelles toute étude particulière devient difficile et même impossible.

Avec le 3e examen, le candidat reprendra sa liberté complète : à côté du Droit constitutionnel, obligatoire (et c'est bien le moins qu'un docteur en droit connaisse et apprécie les institutions de son pays), viendront se placer les matières vers lesquelles le candidat se sentira plus particulièrement attiré : il pourra faire porter son choix sur la branche de l'enseignement qui lui paraîtra la plus utile ou la plus intéressante.

La thèse sera le couronnement de ces épreuves, et conférera au jeune homme qui se sera astreint à cette préparation, un titre d'une valeur scientifique considérable, et qui le placera immédiatement au rang des bons jurisconsultes.

Voilà les réformes étudiées par les Facultés et, sur leur avis, acceptées par le Pouvoir. Ce simple exposé ne répond-il pas au reproche qu'on nous adresse quelquefois ? Que de gens, en effet, déclarent que l'enseignement supérieur est routinier, fermé aux innovations ! Que de personnes qui considèrent le professeur omme un homme d'un autre âge, attaché au-delà de toute expression aux pratiques anciennes, et n'admettant pas même que l'on jette un regard indiscret sur la manière dont il remplit ses fonctions !

Je ne crois pas que ces reproches soient mérités : non , l'enseignement supérieur n'est pas fermé aux innovations prudentes;
le professeur, au milieu de ses occupations, sait rester l'homme
de son temps ; attaché fermement aux principes sur lesquels
reposent les sociétés modernes , il est préparé à tous les dévoue-
ments ; l'enseignement du Droit dans ses mains n'est ni com-
promis, ni en danger. A vous, mes chers amis, il appartient,
par vos exemples et vos succès, de nous défendre contre les
critiques injustes ; vous serez un peu notre œuvre, nous espérons que l'ouvrage ne fera pas médire de l'ouvrier qui l'aura
façonné.

RAPPORT de M. GIRARD sur les Concours ouverts devant la Faculté de Droit de Montpellier (année 1882),

Je suis appelé, Messieurs, à vous rendre compte des concours ouverts devant la Faculté de droit de Montpellier à la fin de l'année scolaire 1881-1882. Je remercie mes collègues de leur confiance ; je m'efforcerai de la mériter en traduisant fidèlement leurs impressions.

Concours de Doctorat.

La première n'a pas été la plus agréable. Si nous prenons celui des concours qui, par la valeur des récompenses et l'étendue des délais, les connaissances qu'il suppose et le travail qu'il exige, l'emporte de beaucoup sur tous les autres, il nous faut avouer une mauvaise fortune trop connue de toutes les Facultés. Nous n'avons pas à décerner les médailles réservées au concours de Doctorat. Aucun mémoire n'a été déposé.

Le sujet choisi par le Ministre était pourtant de ceux qui peuvent attirer une intelligence juridique déjà curieuse des choses du Palais, encore empreinte de la marque de l'École. La théorie de la *Saisine héréditaire* a ce mérite, moins commun qu'on ne pense, d'être fort intéressante au point de vue pratique en même temps que d'une haute importance doctrinale.

L'article 724, placé par les rédacteurs du code à l'entrée du titre des Successions pour régler, dès le premier instant, le sort de chaque héritage, est un de ces textes de perpétuelle application que le jeu régulier de la pratique fait successivement envisager sous tous leurs aspects. Mais il a un bien autre intérêt historique. Cet article de quatre lignes est le dernier terme d'une de ces lentes évolutions législatives, également riches en enseignements et en problèmes, dont les phases multiples se font naturellement plus obscures à mesure qu'elles deviennent plus anciennes, et dans l'étude desquelles il reste toujours beaucoup à apprendre, précisément parce qu'il faut toujours se résoudre à ignorer beaucoup.

L'auteur du mémoire aurait eu à décrire cette évolution. Il aurait pu prendre pour base solide, pour ferme terrain, le dernier état de notre ancien droit français, tel que le constate une littérature abondante. C'est de là qu'il fût parti pour chercher les origines à travers les âges, pour en suivre les traces dans les institutions féodales, les lois barbares, les coutumes germaines, dans le très-vieux droit romain peut-être, peut-être même dans les antiques traditions des Slaves, des Hindoux et des Celtes.

Sur ce champ d'explorations déjà tant de fois parcouru, la Faculté lui aurait su gré de relever toutes les recherches antérieures, de ne négliger aucun système, de les discuter tous, anciens ou nouveaux, ignorés ou connus, superficiels ou profonds : celui d'un rationalisme un peu vulgaire qui croit avoir tout dit en faisant de la saisine une invention des légistes hostile aux seigneurs, et celui qui remonte pour l'expliquer jusqu'avant la séparation des races indo-européennes, aux formes primitives de la propriété familiale ; celui plus timide et plus sûr, qui se contente de la rattacher à la copropriété familiale des Germains ; l'opinion rajeunie par la nouvelle lecture de Gaïus, qui croit en apercevoir des vestiges à Rome ; celles qui la font venir du droit féodal, du droit coutumier, et d'autres encore. L'auteur eût dû examiner toutes les versions, peser tous les arguments, puiser à toutes les sources, et finalement arriver sinon à une conception originale, au moins à un choix réfléchi, personnel et motivé.

C'eût été la partie capitale de sa tâche. Ensuite il fût redescendu au droit moderne ; il eût, toujours en prenant la même base, déterminé, parmi les nombreuses vertus qu'au dix-huitième siècle on attribuait un peu généreusement à la saisine, quelle est aujourd'hui sa portée propre et distincte, et il en eût tiré des solutions logiques et concordantes pour toutes ces controverses qui tiennent encore tant de place dans les traités.

Enfin, il eût pu conclure par une comparaison de notre régime législatif avec celui des autres pays, et fournir sur leur valeur respective un sentiment éclairé.

Assurément le docteur qui eût courageusement tenté l'entreprise n'aurait pas eu à regretter ses peines. En même temps qu'il eût acquis une distinction qui a sa valeur, il eût, au point de vue de sa pure instruction, beaucoup profité, beaucoup appris, abordé chemin faisant bien des problèmes, élucidé bien des obscurités, échangé sur bien des points des aperçus vagues et sommaires pour des vues nettes et pénétrantes.

Ce docteur ne s'est pas rencontré. Nous avons le droit de regretter son absence. Mais nous devons, pour ne rien pousser au tragique, nous rappeler que cette absence est moins étonnante chez nous que partout ailleurs. La Faculté de Montpellier, qui n'est encore âgée que de deux années accomplies, qui entre à peine dans la troisième, n'est pas, en ce qui concerne le Doctorat, dans la même situation que des Facultés déjà anciennes, depuis longtemps en exercice ; elle ne peut encore avoir d'élèves de Doctorat qui aient accompli chez elle le cycle régulier des études de Licence. Si nous avons eu néanmoins à nous réjouir d'examens plus nombreux et parfois plus brillants qu'on ne pouvait espérer, il n'en est pas moins vrai que des étudiants qui ont dû, pendant la période du doctorat, faire après coup une partie du travail de la licence, dont beaucoup n'avaient pas suivi un cours avant l'ouverture de notre École, sont plus excusables que d'autres de n'avoir pas trouvé les loisirs nécessaires à une œuvre de longue haleine.

Concours de troisième année.

Une réflexion du même genre peut être faite pour les concours de licence dont je dois vous entretenir en premier lieu,

pour ceux de troisième année. Ici encore, notre Faculté n'avait
pas en 1881-1882 son personnel normal. Les étudiants qui sui-
vaient l'an dernier les cours de troisième année, n'avaient pu
commencer leur droit à Montpellier ; ils ne pouvaient s'y trouver
que par suite de déplacements, de changements de Faculté qui
sont toujours une exception ; ils n'étaient qu'un petit groupe :
il eût été puéril de prétendre rencontrer parmi eux beaucoup
de candidats aux diverses récompenses universitaires, M. l'ins-
pecteur général Accarias le remarquait tout récemment, à l'occasion du concours ouvert entre les élèves de toutes les Facultés
de France. Il est permis de le répéter à propos des concours
plus modestes ouverts dans l'intérieur de notre Ecole.

Ces concours portaient, l'un sur le Droit civil, l'autre sur le
Droit commercial.

Code civil. — Le concours de droit civil n'a pas donné de
résultats. Le sujet proposé « *De l'action en résolution accordée au vendeur en cas de non paiement du prix* », était de
ceux que tout bon élève de troisième année doit pouvoir, au
pied levé, traiter à grands traits, et qui en même temps présen-
tent assez de difficultés pour que les différences de mérite se
marquent sûrement.

Une seule composition a été déposée, et par suite il est clair
que, si nous étions astreints à décerner les récompenses mises à
notre disposition, l'auteur du travail unique soumis à la Faculté
eût pu attendre avec une sereine patience le résultat de notre
examen. Mais les prix qu'il nous est donné d'accorder perdraient
toute leur valeur si la distribution en était régie par de
pareilles lois mathématiques. Il y a pour eux un maximum, il
n'y a pas de minimum. La dissertation qui porte pour devise :
Magnæ indolis signum est sperare semper, a paru, malgré
quelques qualités juridiques, présenter trop de lacunes et d'erreurs pour mériter une distinction quelconque.

Droit commercial. — Le concours de droit commercial a

provoqué des travaux un peu plus nombreux et dont l'un au moins est meilleur. Trois compositions ont été déposées et portent pour devise, l'une : *Nemo dat quod non habet*, l'autre : *Aide-toi, le ciel t'aidera*, la dernière : *A vaincre sans péril on triomphe sans gloire*. A trois, le péril n'eût pas été bien grand pour un bon candidat, surtout si l'on considère que la Faculté eût pu sans peine disposer de deux prix et de deux mentions. Cependant l'auteur de la composition N° 3 n'a pas vaincu ; son travail, sans contenir de très-graves inexactitudes, a semblé pour cela trop indécis, trop obscur, trop incomplet. En dépit d'une certaine supériorité relative, il en est de même de la composition N° 2.

La composition N° 1 est incontestablement la meilleure, et la Commission l'a jugée digne d'un prix.

On doit y relever quelques erreurs de détail, des défaillances de style, et enfin un laconisme télégraphique qui, même en matière commerciale, dépasse les bornes. Mais la question posée « *De la transmission de la lettre de change par voie d'endossement* » est résolue d'une manière suffisamment claire, dans un ordre logique, d'après des principes rationnels, et, en raison de ces qualités, un second prix a été accordé à M. Marmet.

Concours de seconde année.

Avec les concours de seconde année, nous arrivons aux véritables élèves de la Faculté de Montpellier ; à ceux qui, tout au moins pour l'immense majorité, ont commencé dans notre Ecole un cours régulier d'études que rien ne les empêche d'y finir. Aussi compositions et récompenses deviennent immédiatement plus nombreuses.

Les deux matières sur lesquelles portait la lutte étaient la Procédure civile et le Droit romain. Dans l'une et l'autre, six manuscrits ont été déposés, et, si le niveau inégal des compositions n'a pas permis d'attribuer aux deux concours le même nombre de récompenses, c'est le même étudiant qui occupe la première place dans tous deux.

PROCÉDURE CIVILE. — *De l'exécution provisoire des jugements* », tel était le sujet très-précis et très-bien limité du concours de procédure. Parmi les six compositions soumises à l'examen de la Faculté, une seule a été retenue, celle de M. Dubois portant la devise: « *Aide-toi, le ciel t'aidera* ».

Le plan n'est pas mauvais, il y a des parties bien traitées, enfin, la dissertation a le mérite de ne contenir aucune erreur sérieuse. Mais ce mérite est acheté au prix d'une discrétion plus prudente que louable. Il y a des points importants qui ne sont pas même effleurés : par exemple, il n'est pas dit un mot de l'exécution provisoire nonobstant opposition. Enfin, la rédaction laisse à désirer quant à la correction comme quant à la clarté. Il y a là un travail recommandable sans être parfait. La Faculté lui décerne un second prix.

DROIT ROMAIN. — En droit romain, il fallait « déterminer le sens et étudier les modifications de la règle : *Per extraneam personam acquiri non potest* dans les théories de la propriété et des obligations ». Dans les termes où il était posé, le problème ne comportait. à mon sens, que l'étude de la représentation au point de vue actif ; il écartait par conséquent la question de savoir par qui on peut aliéner, encore plus celle de savoir par qui on peut devenir débiteur avec la théorie des actions *adjectitiæ qualitatis* et tous les autres appendices qu'on y peut rattacher.

Les candidats en ont jugé autrement ; tous les six, au lieu de répondre strictement à ce qu'on leur demandait, ont prétendu nous donner une théorie complète de la représentation. C'était une faute certaine. La Commission n'a pas voulu leur en tenir rigueur, et elle a pris, pour les récompenser d'un second prix et de deux mentions, les trois dissertations les moins imparfaites.

Le prix revient encore à M. Dubois, qui doit être félicité de ce double succès. En droit romain comme en procédure, M. Dubois a fait preuve de qualités sérieuses. Sa composition a des mérites réels. Tout ce qui touche à l'acquisition de la propriété est traité en termes sobres et clairs, les conséquences du principe que la possession peut s'acquérir par autrui sont particulièrement bien mises en leur jour.

Malheureusement, la partie relative aux obligations est beaucoup plus faible. M. Dubois n'y parle guère que des exceptions à la nullité des stipulations pour autrui. Encore le fait-il avec un certain désordre, en citant pêle-mêle les cas où le tiers a une action et qui sont les seuls où il puisse être question de représentation, et ceux absolument étrangers à la matière où il n'y a d'action que pour le stipulant. En revanche, il paraît ignorer une question autrement importante : il ne se demande même pas si le droit romain a fait, dans une mesure quelconque, au point de vue actif, le progrès que l'établissement des actions *adjectitiæ qualitatis* avait réalisé au point de vue passif; si le droit romain a jamais admis, d'une façon partielle ou complète, que le tiers qui pouvait devenir débiteur par l'intermédiaire d'autrui pourrait également devenir créancier par cet intermédiaire. C'était le point le plus délicat du sujet, et c'en était aussi le plus intéressant.

La première mention est accordée à M. Vialette ; la seconde, à M. Rieusset. Leurs travaux rappellent, avec une infériorité marquée, celui de M. Dubois. On y rencontre la même extension du sujet à la représentation passive, les mêmes lacunes en ce qui concerne les créances, la même prédilection exclusive pour la théorie des stipulations pour autrui, et aussi à peu près la même connaissance suffisante des règles de la représentation dans les modes d'acquérir la propriété.

Concours de première année.

Il ne me reste plus à apprécier que les concours de première année. Ils portaient l'un sur le droit romain, l'autre sur le code civil. Six compositions ont été déposées pour chacun, et la Faculté a cru pouvoir disposer d'un second prix et de deux mentions pour le premier, de deux prix et de deux mentions pour le second.

Droit romain. — En droit romain, le prix est accordé à M. Ernest Bauby ; les mentions, d'abord à M. Mazel, ensuite à M. Cabanis. Le sujet désigné par le sort : « *De la curatelle des mineurs de 25 ans* » fournissait aux concurrents l'occasion de montrer dans quelle mesure ils avaient acquis ce sens historique qui est la qualité maîtresse du romaniste.

Evidemment on ne pouvait pas sous ce rapport être trop exigeant avec des étudiants de première année. On ne pouvait en attendre de lumières nouvelles sur les obscurités de la loi Plætoria, ni sur la manière de concilier ses dispositions avec la procédure des Actions de la loi. Il eût même été exagéré de réclamer des candidats une connaissance parfaite du mécanisme de la *restitutio in integrum*.

On pouvait au moins leur demander de bien séparer les diverses formations juridiques ; d'indiquer nettement en quoi diffèrent le bénéfice de la loi Plætoria, la *restitutio in integrum* accordée par le préteur, et l'incapacité civile qui paraît avoir été admise par le droit plus récent ; de montrer comment la curatelle du mineur, d'abord volontaire et spéciale, tendit de plus en plus à devenir générale et forcée ; de retracer à grands traits ce développement régulier dont les étapes ont été le vote de la loi Plætoria, la création de la *restitutio in integrum*, la réforme attribuée à Marc-Aurèle, et qui part de la pleine capacité du pubère *sui juris* pour arriver, entre Modestin et Dioclétien, à l'incapacité civile du mineur de 25 ans.

Ce programme n'a été complètement rempli par personne. Le travail de M. Bauby, qui est le meilleur, commence bien, mais finit médiocrement. Tout le début ne mérite que des éloges, le caractère du régime primitif est bien compris, la portée de la loi Plætoria bien indiquée, la supériorité de l'*in integrum restitutio* bien mise en lumière. Mais la suite est beaucoup moins satisfaisante, beaucoup trop incertaine, beaucoup trop écourtée.

Chez M. Mazel, dont le manuscrit a pourtant de bons passages, qui fait, par exemple, des observations heureuses sur le but originaire des tutelles, les lignes du tableau deviennent encore moins sûres, les lacunes s'élargissent et les erreurs s'aggravent.

Enfin, avec M. Cabanis, nous arrivons à n'avoir pour ainsi dire plus qu'une table des matières. La table est bien faite, mais elle ne peut remplacer l'ouvrage. C'est pour elle un grand honneur de le faire regretter. Si M. Cabanis avait rempli les divisions de son travail aussi correctement qu'il les a tracées, s'il avait possédé les différentes parties de son sujet aussi nettement qu'il en concevait la structure, nous aurions à lui donner un prix au lieu d'une seconde mention.

CODE CIVIL. — En droit français, nous retrouvons plusieurs des mêmes noms mêlés à ceux de tels candidats auxquels on eût pu prédire en droit romain un meilleur succès.

Le premier prix a été donné à M. de Berc, le second à M. Cabanis, les deux mentions à MM. Bauby et Guérin. C'est le seul concours où deux prix aient été décernés; c'est aussi le seul dans lequel il ait pu y avoir des hésitations sérieuses pour l'attribution de la première place.

Les concurrents avaient à traiter : « *Du droit de jouissance légale des père et mère* ». C'était une matière qui, pour être bien exposée, demandait à la fois la connaissance du droit positif, celle des précédents historiques, et enfin un certain esprit

critique. En effet, les articles, assez féconds en controverses, que le code consacre à l'usufruit légal des père et mère, sont le produit d'une tradition déjà ancienne, et, justement pour cela, ils contiennent plus d'une disposition qui, au point de vue rationnel, prête à la critique. Il fallait aux concurrents être à la fois au courant des controverses des interprètes, de l'origine historique des textes, et des attaques dirigées contre eux.

M. de Berc et M. Cabanis savaient l'un et l'autre tout cela, sinon d'une façon parfaite, au moins d'une manière très-satisfaisante. Sans doute on pourrait discerner quelques taches dans leur tableau de la garde noble et de la garde bourgeoise, reprocher quelques omissions à leur exposé du régime actuel ; tous deux ont notamment oublié d'indiquer la renonciation parmi les modes d'extinction de l'usufruit légal. Mais ce sont là des détails ; les deux compositions n'en demeurent pas moins bonnes et l'embarras était plutôt de décider entre elles.

Ce qui a valu la première place à M. de Berc, ce sont certaines qualités d'exposition, une certaine vivacité de dialectique, une certaine indépendance de jugement qui ne se retrouvent qu'à de moindres degrés dans le travail exact et méthodique de M. Cabanis.

La composition de M. Bauby, tout en restant au-dessous des deux premières, garde des qualités réelles. On a par exemple fort approuvé M. Bauby d'avoir songé à signaler la restriction que semble avoir apportée implicitement à l'usufruit légal une loi plus connue pour celle qu'elle apporte expressément à l'incapacité de la femme mariée, la loi du 9 avril 1881 sur les caisses d'épargne postales.

Enfin, la Commission a récompensé par une seconde mention les efforts consciencieux de M. Guérin, qui, dans une composition un peu incohérente, beaucoup trop subdivisée, a cependant touché les points essentiels.

Voilà, Messieurs, les résultats des concours de 1882. Ces concours marquent, je crois, dans leur ensemble un progrès qui d'ailleurs était prévu sur ceux de 1881. Il est permis d'espérer que ceux de 1883 seront encore meilleurs, et l'on n'aurait pas une notion exacte de l'esprit qui a dirigé les décisions de la Faculté si on faisait abstraction de cette pensée.

Les distinctions que nous accordons aujourd'hui, — ce n'est pas seulement aux concurrents de première année que je le dis— sont autant un encouragement qu'une récompense. Puisque nous sommes ici entre gens de loi, je peux bien prendre le langage du droit et dire que nous faisons, pour le moment, une avance plutôt qu'un paiement. Nos élèves savent qu'ils n'auront pas en nous des créanciers trop rigoureux ; nous comptons avoir en eux de bons et loyaux débiteurs, soucieux de s'acquitter ponctuellement à l'échéance.

Ils n'auront pas besoin pour cela de luttes surhumaines. Tout ce que nous leur demandons, c'est de bien continuer ce qu'ils n'ont pas mal commencé, de se rompre de mieux en mieux à ce genre d'études nouveau, différent de celui du collége, plus indépendant, plus personnel, où le travail privé doit venir compléter celui du cours, l'effort de l'élève s'ajouter à celui du maître. C'est ainsi qu'ils pourront arriver non pas seulement à passer leurs examens par fortune et à gagner péniblement leurs diplômes, mais à se faire une libre et forte conception des diverses branches du droit, à devenir peut-être de véritables jurisconsultes. Le profit n'est pas à dédaigner.

Il est assez vite fait de rabaisser les études juridiques. Vous connaissez probablement déjà les critiques, au reste assez contradictoires, qu'on leur adresse volontiers dans la conversation courante. Vous avez entendu leur reprocher par les uns d'être trop arides, trop dépourvues d'agréments pour les esprits délicats; ou bien au contraire par d'autres — et ici l'attaque vise directement l'enseignement, — de n'être pas assez rigoureusement pratiques, d'être encombrées d'une foule de considérations doctrinales, de curiosités historiques, absolument inutiles à la bonne expédition des affaires. Il est même bien à croire que vous ne vous êtes pas tous contentés du rôle d'auditeurs passifs, que plusieurs d'entre vous ont répété, suivant leur nature d'esprit, soit l'une, soit l'autre des critiques. Peut-être même quelques-uns, plus soucieux d'être complets que d'être logiques, ont-ils répété les deux, pris à la fois l'argument esthétique pour accuser notre enseignement d'être trop platement prosaïque et l'argument utilitaire pour l'accuser de ne pas l'être assez.

Il y aurait bien des façons de répondre.

On pourrait d'abord objecter aux plus ombrageux amis des choses pratiques que la limite est bien étroite entre ce qui est indispensable et ce qui ne l'est pas; qu'à ne vouloir rien d'inutile, on risque de n'avoir pas toujours le nécessaire, et enfin qu'un peu de superflu ne nuit jamais, ne fût-ce que pour l'ornement des légistes et l'agrément des plaidoiries.

Quant à ceux qui reprochent à la science du Droit d'avoir les allures un peu sèches et l'abord un peu rude, de faire dès le début appel à la mémoire pour lui imposer tout un appareil de formules et de termes techniques, ils disent une grande vérité. Il y a là tout un travail presque mécanique auquel il faut se résoudre, et il n'est pas douteux que ceux qui jugeraient de tels exercices indignes de leur intelligence n'apprendraient jamais le Droit. Je ne sais, par exemple, pas très-bien ce qu'ils apprendraient, car il n'est pas aisé de trouver la science dans laquelle il n'y ait ni vocabulaire ni formules à retenir. Ces esprits délicats devraient se résigner à ignorer beaucoup de choses. Pour être conséquents avec eux-mêmes, ils ne devraient même pas savoir lire; car les petits enfants ont bien raison d'affirmer que l'étude de l'alphabet est la plus aride du monde.

Cependant on apprend l'alphabet, et il serait assez incommode de ne pas le connaître. Les mêmes raisons d'humble utilité suffiraient, j'imagine, à faire pardonner au Droit quelques sécheresses. Mais il faut envisager le débat de plus haut. Ce sera le moyen de repousser en même temps les deux attaques.

En effet, ceux qui accusent la science du Droit d'être trop sèche, trop prosaïque, et ceux qui accusent l'enseignement de n'être pas assez rigoureusement utilitaire, commettent une même erreur. Les uns et les autres ne voient dans le Droit que la routine quotidienne des affaires. C'est en méconnaître les parties les plus attrayantes et les plus nobles.

En Droit comme ailleurs, il y a une technique. Mais en Droit pas plus qu'ailleurs, la technique n'est toute la science. La science du Droit ne se résume pas dans quelques formules, quelques dates d'arrêts et quelques numéros d'articles. Ce serait un pauvre savoir que celui qui se bornerait étroitement à la connaissance matérielle des lois présentes, que le moindre bruit de changement mettrait en péril, et qui s'en irait au vent des réformes législatives avec les textes abrogés. La science juridique est plus solide et plus haute.

Le véritable jurisconsulte sait, tout comme un autre, quelles sont les lois en vigueur, quelles formes elles prescrivent et comment les tribunaux les appliquent. Mais il ne sait pas que cela : il sait d'une façon générale comment les lois s'interprètent, il sait aussi comment s'en estime la valeur. La législation peut se modifier, une loi disparaître avec son cortège de commentaires et d'arrêts; le savoir du jurisconsulte ne s'évanouira pas avec elle : il n'aura pas besoin, pour comprendre la loi nouvelle, d'attendre d'autres commentaires et d'autres arrêts; il n'aura non plus besoin de l'avis de personne pour apprécier l'une ou l'autre, pour dire quels sont ses mérites et ses défauts, en quoi elle correspond aux nécessités du temps et en quoi elle les contrarie; car son horizon n'est pas limité au Droit d'un pays et d'un jour. Il connaît les enseignements qu'on peut tirer de l'examen des législations étrangères, de l'expérience du passé. Il a, pour tout juger, des termes de comparaison, des idées générales, des vues d'ensemble que rien ne peut remplacer et qu'il doit à son instruction élevée.

C'est là qu'est la portion la plus précieuse et malheureusement la plus rare de la science du Droit. C'est là qu'on peut trouver son intérêt supérieur, égal à celui des parties les plus attachantes de l'histoire ou de la philosophie. C'est également là qu'il faut chercher la défense de cet enseignement théorique que l'on condamne si lestement et souvent sans l'avoir beaucoup entendu : — des ces explications données dans les cours de droit positif sur les origines des institutions, leur fondement logique, leurs avantages et leurs inconvénients, sur des hypothèses peu connues en pratique et des systèmes écartés par la jurisprudence ; — de ces cours historiques qu'on attaque encore plus , des cours de Droit romain qui ont été longtemps les principaux accusés du procès, des cours d'Histoire du droit français qui sont depuis deux ans placés auprès d'eux, des autres cours de même ordre dont l'ouverture peut encore être souhaitée ; — en un mot, de tout cet ensemble de notions doctrinales qui, bien exposées et bien comprises, rendent l'intelligence plus vaste et plus claire, plus indépendante des lieux communs et des phrases toutes faites. Peut-être peut-on sans rien de tout cela devenir un praticien supportable; il faut tout cela pour faire un véritable juriste ; il ne peut y avoir autrement d'étude sérieuse du Droit.

Je finis, Messieurs, par ces idées. Elles sont, je crois, vraies à toutes les époques et dans tous les lieux. Mais si elles pouvaient jamais prendre des circonstances un caractère plus frappant d'évidence, si les hautes études juridiques qui font les esprits fermes et libres devaient être particulièrement goûtées dans un pays et dans un temps, il me semble que ce serait dans notre pays et de notre temps , dans notre civilisation républicaine à la fois populaire et savante , dans notre démocratie française également avide de justice sociale et de vérité scientifique.